こんな名字、聞いたことない！

ご当地珍名

見つけ隊

～高信先生の全国行脚～

名字研究家
高信幸男

KOSHUNKAKU

はじめに

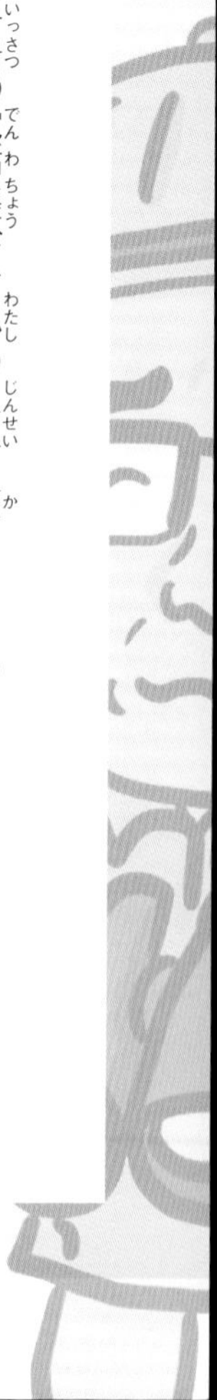

50年前に見た一冊の電話帳が、私の人生を変えました。
私は茨城県の大子町という山間部に生まれました。住んでいた地域は同じ名字の家庭が多く、友達を呼ぶにも名字では区別がつかず名前で呼び合っていました。しかし、高校に進学し、クラスの仲間の名字が皆違うことに驚きました。
そこで、茨城県北部の電話帳でどのような名字があるのか調べてみると、様々な見たことのない名字がたくさんありました。また、読み方がまったく分からない名字も数多く存在し、ますます驚きと興味が沸きました。
「名字ってこんなにあるの？」
という気持ちになったことが、名字研究家になるきっかけでした。
それから50年、電話帳を基に、全国各地を旅してきました。マイカーに電話帳を積み込み、年に一度は一週間程の旅を続けてきました。その間、多くの珍しい名字の家を訪ねては、名字の由来やエピソードを聞いてきました。それらの話は、とても興味の湧く話であり、是非、皆様に聞いてほしい内容でした。
現在は、それらの話を講演会などでお話ししていますが、なかなか全国各地に出向いてお話しすることはできません。そこで、本を読んでいただくことにより少しでも名字の面白さを知っていただけたらと思い、発刊に至りました。日本の名字は、世界中で他に類がないほど長い歴史があり、日本文化が詰まっています。また、各地における独自の名字があり、それらの中には他の地域ではほとんど知ることができない珍しいものがたくさんあります。本書では、日本各地の名字を知っていただけるよう、地域別や県別で紹介していきます。ご自身が住んでいる地域と、他の地域との名字の違いなどを知っていただけたらと思います。

読者の皆様にもお願いがあります。50年間珍しい名字を探し続けて来ましたが、まだまだ未発見の名字もたくさんあると思います。読者の皆様ご自身、または、知り合いに珍しい名字の方がおりましたら是非お知らせいただきたいと思います。

日本文化の一つである名字について、その楽しさを多くの方に伝えるため、これからも「名字の旅」を続けて参ります。

名字研究家　髙信幸男

もくじ

01 北海道・東北

02 関東

03 中部

04 近畿

05 中国・四国

06 九州・沖縄

※本書の内容は2023年6月現在のものです。また、名字の由来には諸説あり、本書掲載の内容が定説とは限りません。

「めずらし度」とは？

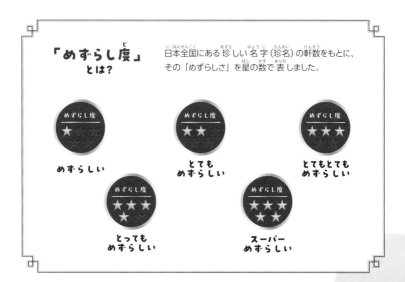

日本全国にある珍しい名字（珍名）の軒数をもとに、その「めずらしさ」を星の数で表しました。

めずらしい

とても
めずらしい

とてもとても
めずらしい

とってもめずらしい

スーパー
めずらしい

01

北海道
Hokkaido

四十物谷

あいものや

「四十物谷」という名字は、北海道移住で生まれました。元は「四十物（あいもの）」という名字でしたが、北海道に移住し自分が先祖になるとの思いで、「四十物」に「谷」を付けたそうです。

「四十物」とは、魚が干物になるまでの中間の物（間の物）を指しています。生（始め）から干物（終わり）までで「始終」となるので「四十」を当て、「四十物」を「あいもの」と呼ぶようになったと言われています。

四十物谷

MEMO

富山県には「四十物」という地名も存在し、その場所で魚が売られていたと考えられます。また、栃木県では、殿様に献上した「藍」の四十番物の染め物が素晴らしかったことから、殿様より褒美として「四十物」の名字を賜ったと言われています。

北海道

Hokkaido

珍名

めずらし度 ★★★★★

ちんな

「珍名」という名字は、地名から生まれました。「チンナ」というアイヌ語由来の地に住んだことから、その地名の「チンナ」の音に合わせて「珍名」を当てたと考えられます。

北海道の地名は、元々アイヌ語であったため、多くが明治時代に漢字による地名に変えました。そのため音に合わせた苫小牧（とまこまい）や、音の意味合いから付けられた新冠（にいかっぷ）などがあります。

ソーラップチ → 空知
モペッ → 門別
チンナ → 珍名

珍名

MEMO

北海道の地名で名字になっているものは極めて少なく、「空知（そらち）」や「門別（もんべつ）」など限られています。「珍名」も貴重な名字の一つですが、「ちんめい」と読まれてしまいそうですね。

あおもり
青森
Aomori

さそう

「呇」という名字は、地名から生まれました。青森県上北郡天間林村（現七戸町）にある「呇」という地名です。「呇」は、日本で作られた文字（国字）です。「口」で○○に「行こう」と誘うことから「呇」で「さそう」になったとも言われています。

　地名の由来は明らかではありませんが、ある人物が、人をどこかに誘ったことから生まれたと考えられます。地名に残るような人物とは誰なのか気になります。

MEMO

「さそう」という名字には、「佐宗（愛知県）」や「佐相（神奈川県）」・「佐草（神奈川県）」・「笹生（千葉県）」・「砂生（埼玉県）」などもあります。

青森
Aomori

治部袋

めずらし度 ★★★

じんば

「治部袋」という名字は、戦国武将から生まれました。青森県上北郡七戸町にある「治部袋」という地名は、かつて戦の陣が敷かれ「陣場」と呼ばれていました。その地に、関ヶ原の戦いで徳川家康と敵対した石田三成の遺児が流れ着いたと言い伝えられています。三成は、治部少輔の官位を持っていました。

そこで、陣場の「陣」を「治部」に改め、この地の地形が突き出した台地で袋状になっていたことから「袋」をつけて「治部袋」になったと言われています。

MEMO

陸奥国の津軽氏は、石田三成と親しい関係にあったことから、三成への恩義で遺児をかくまったともされています。

岩手

Iwate

人首

めずらし度 ★★★

ひとかべ

「人首」という名字は、「蝦夷」伝説から生まれました。大和朝廷は「蝦夷」征伐のため征夷大将軍を派遣しましたが、強くて簡単には討ち取れませんでした。そこで、村人に「山奥に住んでいる鬼を退治しよう。」と呼びかけ、大勢の勢力で蝦夷の頭の首を取りました。

ところが、取った首は「鬼の首」ではなく、「人間の首」であったことから村人は哀れんで、そこに祠を建てて祀りました。その地は「人首」という地名となり、名字にもなりました。

人首

MEMO

東北地方には、「鬼首」という地名もあります。岩手県には、鬼剣舞という伝統芸能もあり、鬼にまつわる話が多い地域です。

岩手（いわて）
Iwate

西風館

めずらし度 ★★★★★

ならいだて

「西風館」という名字は、地名から生まれました。岩手県遠野市に、かつて西風館という城があり、その地に「西風館」という地名が付けられ、そこに住んだ一族が「西風館（ならいだて）」という名字を名乗りました。城のあった場所は、西風の強い所だったと思われます。

「西風」を「ならい」と読むのはとても難しいです。「ならい」とは、遠野地方での西風を表現する方言かも知れません。

西風館

MEMO

東北地方では、春から夏にかけて東から冷たく湿った「やませ」という風が吹きます。「やませ」が吹くと農作物に大きな被害を与えるため、とても嫌われる風です。

宮城

Miyagi

留守

めずらし度 ★★

るす

「留守」という名字は、職業から生まれました。留守とは不在のことですが、昔「留守職」という役職がありました。留守職とは、主人が留守の間の徴税や家来の統括などをする重要な仕事をする役職です。

留守職の有名なところでは、源頼朝の命令で陸奥国（現福島県から青森県まで）の留守職として派遣された伊沢氏がいますが、伊沢氏は陸奥国に落ち着き「伊沢」の名字から「留守」に変えて名乗りました。

MEMO

鹿児島県や佐賀県など九州にも「留守」さんがいますが、同じように留守職が置かれたことから生まれた名字です。宮城県には、大学寮という職業から生まれた「大学（だいがく）」という名字もあります。

宮城

Miyagi

四十九院

めずらし度 ★★★★

つるしいん

「四十九院」という名字は、宗教に関係して生まれました。名字に「院」が付いていることや、「四十九」という数は、宗教では区切りの日でもあることなどからも関係が伺えます。

人が死んで、初七日から七日ごとに供養し四十九日を過ぎるとあの世（天国）に旅立つとされています。つまり、七日・七日……と「七（しち）」と「連なる七（つらなるしち）」が「つるし」となったことも考えられます。

四十九院

MEMO

葬送施設の「四十九院（つるしいん）」や、滋賀県犬山郡豊郷町には「四十九院（しじゅうくいん）」の地名があることから、「四十九院」の名字は、これらに関係した人が、またはその地に住んだ人が名乗ったと考えられます。

秋田
Akita

及位

めずらし度 ★★

のぞき

「及位」という名字は、山岳修行から生まれました。秋田県由利本荘市と山形県最上郡真室川町との県境に甑山という山があります。この山での修験者の修行の一つに、険しい断崖の端から体を紐で縛り宙づりになる修行がありました。宙づりになり、崖の横穴を覗く修行です。この修行ができた者には高い位が授かった（及んだ）ことから、「及位」で「のぞき」となりました。

及位

MEMO

現在、由利本荘市や真室川町に「及位」という地名が、秋田県大仙市に「南外及位」という地名が存在しています。これらの地名は修行者が住んだ所と考えられ、「及位」という名字も生まれました。

秋田
Akita

寿松木

めずらし度 ★★

すずき

「寿松木」という名字は、「鈴木」という名字から生まれました。「すず」の読みを変えずに縁起の良い「寿」と「松」の字を当てたのです。

名字の中には「さいとう」や「かとう」など、読み方を変えずに字だけを変えた名字があります。「すずき」もその一つで、「鱸」・「鈴来」・「鈴記」・「鈴城」・「鈴樹」・「鈴喜」・「鈴置」・「進来」・「錫木」・「涼木」・「鐸木」・「寿々木」・「須々木」・「須須木」・「鈴々木」・「周々木」などの「すずき」があります。

MEMO

「すすき」という言葉は、熊野地方（現和歌山県）の方言で稲穂を指します。「すすき」の言葉に熊野神社の神官が「鈴木」の字を当てて名字にしました。

山形
Yamagata

めずらし度 ★

ぬくい

「明日」という名字は、方言から生まれました。「ぬくい」とは「温かい」・「暖かい」のことを指します。一般的には、「ぬくい」は「温い」の字が当てられ、「温井(ぬくい)」という名字があります。

では、なぜ「明日」と書いて「ぬくい」と読むのでしょうか。寒い日が続いていたため、きっと明日は「ぬくい日」であって欲しいとの強い思いが込められて生まれた名字なのかもしれません。

明日

MEMO

「明日」という名字は山形県以外では愛媛県などにあります。「ぬくい」という言葉は、関西より西の地方で多く使われているようです。

山形
Yamagata

めずらし度 ★★

からす

「烏」という名字は、神社に関係して生まれました。烏は、現在では迷惑をする鳥のイメージがありますが、古代においては、神の使いとされる霊長であったと考えられます。

「古事記」や「日本書紀」の中にも「八咫烏」が登場します。八咫烏は、熊野（現和歌山県）から大和（現奈良県）に向かう神武天皇の道案内をしたと言われています。熊野大社の神紋にも烏が描かれており、「烏」という名字との関係が考えられます。

烏

MEMO

サッカー「ワールドカップ」日本代表のエンブレムにも「八咫烏」が描かれていることも、「神」との関係があるのかもしれません。

福島（ふくしま）
Fukushima

くまがみ

「熊耳」という名字は、地名から生まれました。福島県田村市（旧三春町）の「熊耳」という地名が由来です。「くまがみ」とは、熊野信仰を意味する「熊神」が考えられます。なぜ「神」に「耳」を当てたかは不明ですが、南北朝時代の菊池氏との関係が考えられます。菊池氏は九州の武将ですが南朝方につき、東北地方に派遣されました。菊池氏の菩提寺に「熊耳山正観寺」があります。つまり、菩提寺が「熊耳」であったことから地名も「熊耳」にしたと考えられます。

熊耳

MEMO

「熊耳」という名字は、田村氏の一族が熊耳の地に熊耳館（田村四十八館の一つ）を築き「熊耳」を名字として名乗りました。

福島
Fukushima

過足

よぎあし

「過足」という名字は、地名から生まれました。福島県田村市（旧三春町）にある「過足」という地名です。「過足」という地名は、ある男の伝説から生まれました。

　征夷大将軍・坂上田村麻呂が蝦夷征伐の際に三春町で一夜の宿を取ることになりました。そこで、宿で布団を用意しましたが、田村麻呂は大男であったため布団から足がはみ出してしまったと伝えられています。そこで、その地域を「過足」と呼ぶようになったと言われています。

<ruby>次<rt>つぎ</rt></ruby>は<ruby>関東<rt>かんとう</rt></ruby>だ！

過足

MEMO

「過足」という名字を名乗ったのは、坂上田村麻呂の一族ではなく、後に田村氏の一族が過足の地に過足館（田村四十八館の一つ）を築き、「過足」を名字として名乗りました。

なるほど！豆知識

日本には、どれくらいの名字があるの？

日本に存在する名字の数は、世界の中でも特に多く約13万種類あります。日本と同じように漢字を使用している中国では人口約14億人に対して4000～5000種類、また、韓国では人口約5000万人に対して約500種類と言われていますので、それらの国と比べても、日本は圧倒的に多いことが分かります。

また、「中島」を「なかじま」や「なかしま」と読んだり、「国府田」を「くにふだ」や「こくふだ」・「こうだ」と読んだりします。「国」を「國」と書いたり、「桜」を「櫻」と書いたりもします。このように、読み方の違いや、通用字体と旧字体の違いなどを別の名字と数えると、その数は約30万種類に上るとも言われています。

02 関東

茨城

Ibaraki

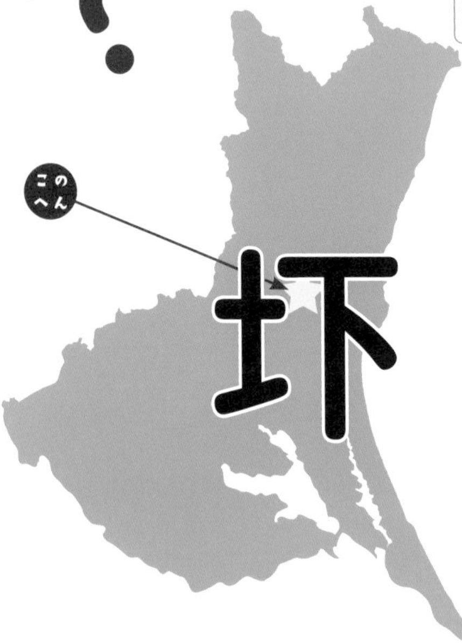

めずらし度 ★

あくつ

「圷」という名字は、那珂川流域の方言「あくつ」から生まれました。「あくつ」とは土地の肥えた所、つまり河川が氾濫して堆積した肥沃な土地のことを言います。一方「塙」という地名がありますが、「塙」は土地の痩せた所を指します。「はなわ」が「土」の「高」い所で痩せているのであれば、「あくつ」は「土」の「下」の方（下流）で肥えた所なので「圷」という文字を考えました。水戸市近郊の地形から生まれた国字になります。

MEMO

ちなみに、那珂川の上流に当たる栃木県では「阿久津」という文字を当てた地名や名字があります。

茨城（いばらき）

Ibaraki

土生都

めずらし度 ★★★

はぶつ

「土生都」という名字は、旅人の忠告により生まれました。「土生都」家の元々の名字は「羽仏」でした。江戸時代にある旅人が立ち寄り、名字に「仏」が付いているのは良くないとして「土生都」と変えるように言われたそうです。なぜ「土生都」の字になったのかは伝えられていませんが、次のようなことが考えられます。この地域では、焼き物に使われる良質な土が取れたので、「はぶ」に「土生」を、「つ」は、旅人が「都」に上る途中であったことが考えられます。

MEMO

「土生都」を名乗るように言った人物はどのような方だったのか気になりますが、知識のある高貴な人物だったのかもしれません。

栃木
Tochigi

倭文

めずらし度 ★

しとり

「倭文」という名字は、織物から生まれました。「倭文」とは古代に「静織」という織物を織っていた「倭文部」と呼ばれた人達が名乗った名字です。常陸国風土記に「静織の里」と書かれており、そこに鎮座する静神社には倭文神と呼ばれる神も祀られています。古代に織物技術をもった人達が大陸から渡来し、日本で織物技術を広めましたが、初めて日本（倭）で織物（文）が織られたことから、「しずおり」に「倭文」の文字を当てました。

倭文

MEMO

「静」や「志鳥」という名字もありますが、いづれも「静織」に関係した一族が名乗ったことが考えられます。

栃木（とちぎ）
Tochigi

四十八願

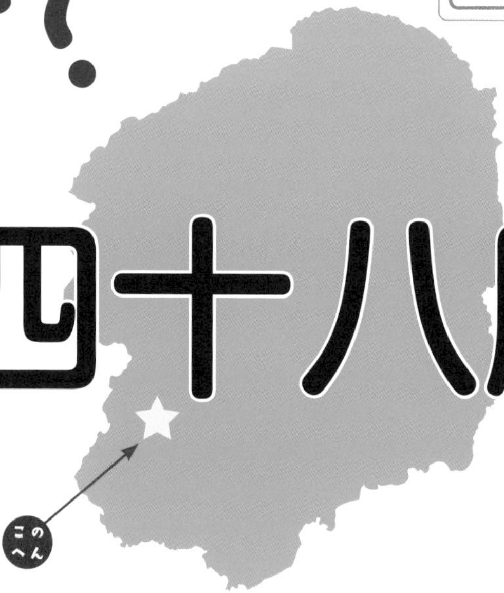

めずらし度 ★★

よいなら

「四十八願」という名字は、疫病から生まれました。昔、疫病が流行り、多くの人が亡くなりました。そこで、住民たちは疫病による死者の霊を鎮め、疫病から逃れるために仏教の教えにある「四十八」の願掛けをしました。その地は、やがて「四十八願」という地名になり、名字にもなりました。人は死ぬと「黄泉ケ原」に行くとされており、この「黄泉ケ原」に「四十八願」の文字を当て「よみがはら」と読んでいたものが「よいなら」と読まれるようになりました。

四十八願

MEMO

過去の時代にも、今日のコロナウイルスのような疫病が流行り、多くの人々が苦しめられたことが名字にも表れています。

群馬

Gunma

都木

たかぎ

「都木」という名字は、「都」に関係して生まれました。「たかぎ」という名字は、一般的には「高木」と書きますが、由来は神社の「御神木である高い木」や「高い所の城」などを表す「高木」という地名から生まれています。「高い所」と言えば天皇の住む「都」も高い所とされていることから、「高」を「都」に変えたと考えられます。また、一説に都木氏は、都（京都）から移り住んだとも伝えられていますので、「都」への思いから変えたことも考えられます。

MEMO

全国には様々な「たかぎ」という名字があり、「高来」・「高貴」・「高義」・「高樹」・「高城」・「鷹来」・「鷹樹」・「鷹木」などがあります。

𣜿島

めずらし度 ★★★★★

ぬでしま

「𣜿島」という名字は、地名から生まれました。前橋市に「𣜿島」という地名があり、この地に住んだ一族が名字として名乗りました。𣜿島の地は、かつて崇神天皇皇子である豊城入彦命が戦った際、「ぬるでの木」で采配を振るい、大勝したと伝えられています。そこで、「ぬるで」に「勝軍木」を当て「勝軍木島」と呼ぶようになり、やがて、「木」と「勝」を合わせ「𣜿」となり、読みも「ぬるでしま」から「ぬでしま」になりました。

橳島

MEMO

「ぬるで」は、日本各地の平地や山地に自生するウルシ科の落葉樹で、丈夫で繁殖力の強い木です。

「ぬるでの木」は縁起が良いのかもしれません。

埼玉
Saitama

舎利弗

めずらし度 ★★★

とどろき

「舎利弗」という名字は、お経を唱える様子から生まれました。般若心経や阿弥陀経・法華経などの経典の中には「舎利弗」という言葉が何度も出てきます。「舎利弗」とはお釈迦様の弟子の名前です。たくさんの僧侶が、同じお堂の中で一斉に「舎利弗・舎利弗……」と何度も唱えることにより、お堂の中に「舎利弗」ということばが轟き渡ったと考えられます。したがって、「舎利弗」で「とどろき」と読ませたと考えられます。

MEMO

宗教に関する名字の中には、寺の名前や寺で使用する道具の名前（独鈷など）を名字にすることはありますが、お経を唱える様子が名字になることは珍しいです。

さいたま
埼玉
Saitama

御菩薩池

めずらし度 ★★★☆☆

みぞろけ

「御菩薩池」という名字は、地名から生まれました。京都府京都市北区に上賀茂深泥池町という地名があります。深泥池町の近くには、底の無い深い泥の深泥池があり、この池が地名の由来です。深泥池町に住んでいた一族が、埼玉県川越市に移り住み「御菩薩池」を名字として名乗ったと考えられます。なぜ、「深泥」ではなく「御菩薩」を名乗ったのでしょう。一説に、池に地蔵菩薩が現れたことで深泥池は「御菩薩池」とも呼ばれたこともあったためと考えられます。

御菩薩池

MEMO

「深泥池」の近くには、比叡山で織田信長によって焼き討ちにあった僧侶が住んだとの言い伝えがあることから「御菩薩池」を名乗ったとも考えられます。

千葉
Chiba

狼

めずらし度 ★★★

おおかみ

「狼」という名字は、文字を変えて生まれました。元々は「大神（おおかみ）」という名字であったと考えられます。「大神」という名字の歴史は古く、遠い神代の時代の「大神神社」が由来とされています。古代に大和三輪山（現奈良県）に「大神神社」が祀られ、やがてその一族が豊後国（現大分県）に移り、宇佐神宮の宮司などを務めています。現在も、福岡県や大分県には「大神」さんがたくさん住んでおり、その一族が千葉県に移り、「狼」の文字を当てたのではないかと考えられます。

大神神社（おおみわじんじゃ）

MEMO

日本には、かつてニホンオオカミが生息していましたが約100年前に滅びました。しかし、名字では「狼」は生きているのです。

月見里

めずらし度 ★★

やまなし

「月見里」という名字は、風景から生まれました。「やまなし」と読むのは、「月の良く見える里」には「山が無い」ことからです。

静岡県静岡市に、月見里笠森稲荷神社があります。神社の由来は、保元の乱で敗れた源為朝が伊豆大島に流される途中に滞在し、あまりの月の美しさから「月見里稲荷」と名乗るよう告げたとされています。千葉県の「月見里」氏は、かつて四街道市にあった山梨城の城主「山梨」氏が「月見里」に変えて名乗ったとされています。

MEMO

現在、静岡県にも「月見里」さんがおりますが、こちらは「つきみさと」と読みます。こちらの「月見里」さんですが、元々は「やまなし」と読んでいたと考えられます。

東京
Tokyo

九

めずらし度 ★★★★★

いちじく

「九」という名字は、文字数から生まれました。名字が「九」一文字であることから、「一字の九」で「いちじく」と読むそうです。何とも、トンチの利いた名字です。

一方、別の由来も考えられます。「九」家は、江戸時代は医者をしていました。苦しんで助けを求めに来た患者に手当てをし、「一時の苦しみなので我慢して」と言ったかもしれません。つまり、「一時の苦」なので「一時苦」となり、「苦」は縁起が良くないので「九」にしたことが考えられます。

お熱がありますね
頭が痛いですか
大変ですね つらいかも
しれませんが
今だけの
苦しみだから
もう少しの辛抱ですよ
一時の苦しみですよ
一時苦ですよ
一字の九で「九」ですよ

MEMO

名字の中には、「一（にのまえ）」や「十（つなし）」など頭を働かせないと読めない名字がありますが、そのような読み方でも認められたのが日本の名字の素晴らしさです。

東京
Tokyo

地の塩

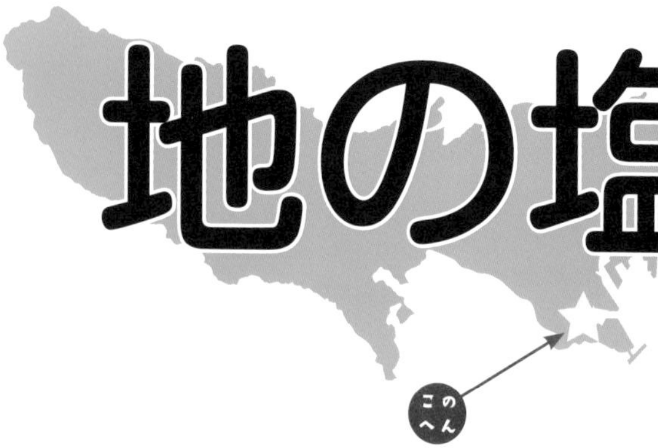

めずらし度 ★★★★★

ちのしお

「地の塩」という名字は、キリスト教から生まれました。「地の塩」家の先祖は、明治時代にキリスト教の信者で洗礼を受けていました。そこで、名字を新約聖書の垂訓の一つである「地の塩」にしようと考え、裁判所に名字変更の許可申請をしました。その後、許可を得ることができ、名字を「地の塩」にしたと伝えられています。名字の変更は、特別の理由がなければ許可にはなりません。先祖のキリスト教に対する強い思いが裁判所に認められたのかも知れません。

MEMO

名字や名前を変える事例として一般的に多いのは、難読で日常生活に支障がある場合や襲名の時ですが、洗礼を受けての改姓は珍しいです。

神奈川（かながわ）

Kanagawa

めずらし度 ★★★★★

外郎

このへん

ういろう

「外郎」という名字は、中国の官職（かんしょく）から生まれました。「外郎」家の先祖は、14世紀（せいき）ころ中国（元の時代）で「礼部員外郎（れいぶいんういろう）」という官職に就（つ）いていましたが、元の滅亡（めつぼう）後、九州博多（きゅうしゅうはかた）に移（うつ）り住みました。その際（さい）に、本来の陳（ちん）という名字を官職名から取った「外郎（ういろう）」に変更（へんこう）しました。1504年に小田原（おだわら）の北条氏（ほうじょうし）に呼（よ）ばれ、医薬品（いやくひん）の開発（かいはつ）に努（つと）め「透頂香（ちんちんこう）」という丸薬（がんやく）を製造（せいぞう）しました。歌舞伎（かぶき）十八番（じゅうはちばん）の「外郎売（ういろううり）」にも登場（とうじょう）します。

外郎

MEMO

お菓子として知られている「ういろう」は、外郎家の先祖が中国の使節団をもてなすために作ったお菓子なので、「ういろう」と呼ばれるようになりました。

神奈川
Kanagawa

一寸木

ちょっき

「一寸木」という名字は、「城を増やす」という意味から生まれました。甲斐国（現山梨県）の武田氏が、「城を増やす」ことを望んで「増城」という名字を家臣に与えたとされています。増城氏は、後に、「増城」を「一寸木」に変え、読み方も「ちょっき」にしました。

「一寸木」にした理由は不明ですが、「一寸」は約3・3センチメートルの長さで短く、「一寸木」は「ちょっとした長さの木」なので「ちょっき」と読みます。

MEMO

「一寸木」の多くは「ちょつき」と読みますが、中には「ますき」と読む人もいます。それは、元々が「増城」という名字であったからと考えられます。

なるほど！豆知識

名字には地域性があるの？

日本には様々な名字がありますが、それらが全国各地に同じように存在している訳ではありません。ある地域に集中的に存在するものや、ある地域にしか存在しない名字が多くあります。日本で一番多い「佐藤」という名字は全国に広く存在する訳ではなく、東北地方を中心に東日本に多く、二番目に多い「鈴木」という名字も東日本に多く存在します。

一方、「山本」や「西村」という名字は関西地方から西日本に多い名字です。また、青森県では「工藤」、茨城県では「助川」、山梨県では「雨宮」、愛媛県では「越智」、宮崎県では「甲斐」、沖縄県では「比嘉」など、それぞれの都道府県ごとに多く存在する名字もあります。名字によっては、出身地を予測することができます。

中部

03

にいがた
新潟
Niigata

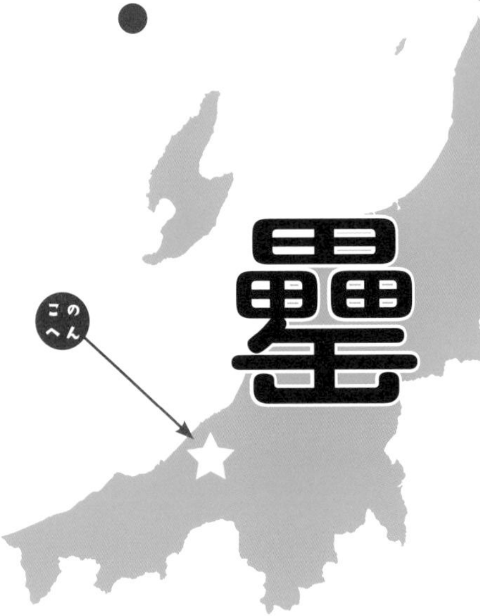

めずらし度

もたい

「罍」という名字は、仕事から生まれました。「罍」とは、古代中国で使われていた青銅器の壺のことで、酒などを入れる際に使われました。「罍」は「さかだる」とも読みます。「罍」は古代日本に伝わり、神事などで使用されました。この「罍」に関係した人々、または「罍」の製造に関わった人々が名乗ったと考えられます。「もたい」と読むのは、神に供えるお酒のことを「もたい」と呼んでいたからです。「もたい」には「甕」「罇」「母袋」「茂田井」などの名字もあります。

罍

MEMO

長野県安曇野地方には、古代豪族「安曇」氏が九州筑後から移り住んでいるので、この一族が「罍」を伝えたのかもしれません。

にいがた
新潟
Niigata

飯酒盃

めずらし度 ★

いさはい

「飯酒盃」という名字は、地名から生まれました。新潟県魚沼地方には、昔から美味しい「お米」や、美味しい「お酒」があります。まさに、「飯」と「酒」があり、「盃」で酒を酌み交わした様子が伺え、魚沼地方にふさわしい名字です。

しかし、ルーツは九州長崎県諫早地区にあります。古い時代に魚沼地方に移り住み、古里の「いさはや」の地名から「飯酒盃」を名乗ったと考えられます。ちなみに、南魚沼市には「伊佐早」という名字も存在しています。

MEMO

名字の多くは地名から生まれています。そして、
地名は自分の古里の地名をそのまま名乗りますが、
「飯」「酒」「盃」としたのには驚きです。

富山
Toyama

菓子

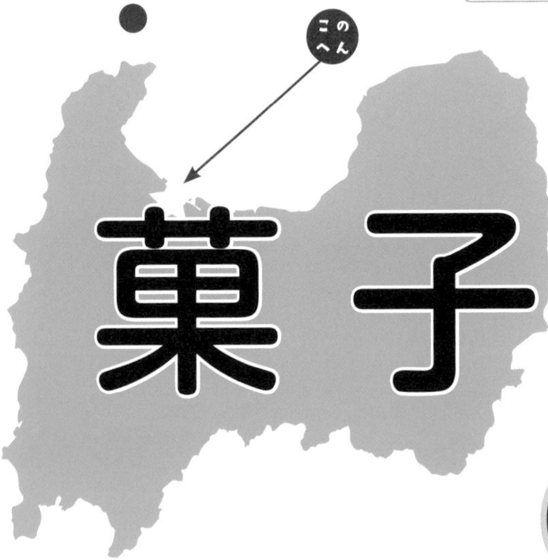

めずらし度 ★★☆☆☆

かし

「菓子」という名字は、地形から生まれました。富山県射水市（旧新湊市）は港町で漁業が盛んな所です。新湊地区は全国でも特に珍しい名字が多く、中でも、職業の名字が多いです。漁業から生まれた「魚」さんや「釣」さん、桶屋の「桶」さん、大工の「大工」さんなどです。

「菓子」さんもお菓子屋さんと考えそうですが、そうではなく「河岸」です。家の近くが河岸であったことから、「かし」の音に「菓子」の字を当てました。

MEMO

新湊地区は職業からの名字が多いのですが、
素麺や音頭などの名字はどのように生まれたのか
気になります。

富山(とやま)
Toyama

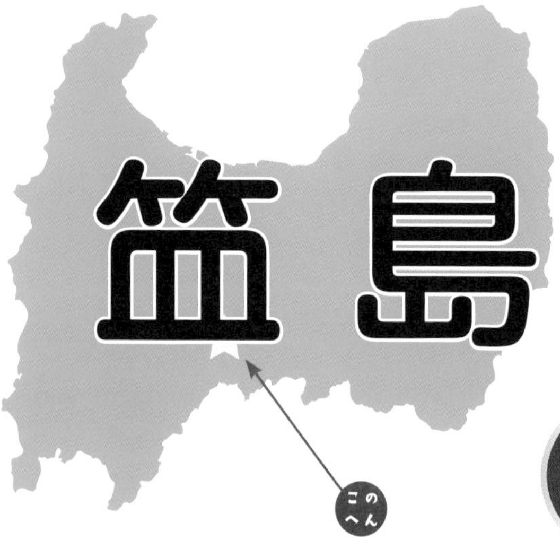

めずらし度 ★★★

そうけじま

「笽島(そうけじま)」という名字(みょうじ)は、地形(ちけい)から生(う)まれました。「そうけ」とは、富山近辺(とやまきんぺん)で使(つか)われている「竹(たけ)で編(あ)んだ半円形(はんえんけい)の物入(ものい)れ・皿(さら)」のことです。

「そうけ」は「笊笥」と書(か)くのが本来(ほんらい)ですが、「竹(たけ)で作(つく)った皿(さら)」なので、「竹(たけ)」と「皿(さら)」を合(あ)わせて「笽(そうけ)」という字(じ)が生(う)まれたと考(かんが)えられます。「笽(そうけ)」という字(じ)は、富山県(とやまけん)で生(う)まれた国字(こくじ)です。

「笽島(そうけじま)」とは、「笽(そうけ)」の形(かたち)をした丘(おか)（平地(へいち)の丘(おか)を島(しま)と呼(よ)ぶことがある）を指(さ)し、その地形(ちけい)から「笽島(そうけじま)」という名字(みょうじ)が生(う)まれました。

MEMO

「笽」の他にも、「たけかんむり」の部首の国字はあり、名字にもなっています。たとえば、「簗」や「簓」などがあります。

石川（いしかわ）

Ishikawa

王生

めずらし度 ★

いくるみ

「王生」という名字は、安産の祈願から生まれました。定かではありませんが、言い伝えでは飛鳥時代皇族であった者が、子の出生に当たり安産祈願をしました。その言葉は「いくるみ、いくるみ」と唱えたことから、「王」が「生」まれるで「王生」となったようです。「王」の出産に関わった人が賜った名字と考えられます。「王生」に似た名字に「壬生」がありますが、「壬生」は水辺という意味とともに、皇族の皇子を育てる「御乳」・「乳部」という仕事の意味もあります。

MEMO

「生出」という名字がありますが、無事に「生」まれておい「出」との願いがこもっているのかもしれません。

石川
Ishikawa

夏至

げし

「夏至」という名字は、仕事から生まれました。二十四節気の一つである「夏至」の日に、何らかの行事が行われ、その行事に関わった人が名乗ったと考えられます。一方、古い時代に日本各地に荘園が置かれましたが、その荘園で年貢の徴収や治安の維持を行う「下司」と呼ばれる役職がありました。その者が「下司」という名字を名乗り、ある時代に「げし」の読みに「夏至」の字を当てたことも考えられます。下司という名字も全国に約３５０軒存在しています。

MEMO

夏至(げし)という名字(みょうじ)とは反対(はんたい)の「冬至(とうじ)」という名字(みょうじ)も存在(そんざい)しています。

兄父

めずらし度 ★★★★☆

あじち

「兄父」という名字は、分家により生まれました。昔から、本家から分かれることを分家と言いますが、福井県地方では分家した家のことを「あじち」と呼ぶようです。つまり、分家をする際に、父と兄弟のうち兄を家長として分家をしたので「兄父」で「あじち」となったことが考えられます。

福井県には他にも「あじち」という名字で、「阿字地」や「阿地知」・「阿知地」などがありますが、これらの名字も分家によって生まれた名字とも考えられます。

MEMO

親族に関係する字の名字には、「父母」や「姉歯」・「煤孫」・「妹尾」・「妻夫木」などがあります。

福井（ふくい）
Fukui

文珠四郎

めずらし度 ★★★☆☆

もんじゅしろう

「文珠四郎」という名字は、人の名前と仏像から生まれました。

言い伝えでは、鎌倉時代の刀鍛冶であった木村四郎左衛門と言う者が、文殊菩薩に祈願をして刀を打ったところ、とても立派にできあがったことから、寺の僧侶より「文珠四郎」の号をいただいたそうです。

「文珠四郎」とは、「文殊菩薩」と刀鍛冶の名前である「四郎」を合わせた号です。そこで、いただいた号をそのままに「文珠四郎」という名字を名乗ったと伝えられています。

文殊四郎

MEMO

名字の中に、「太郎」や「五郎丸」など「郎」の付くものがありますが、「太郎」とは「長男」を指し、「五郎」は「五男」を指しています。

やまなし
山梨
Yamanashi

栗冠

めずらし度 ★★★

さっか

「栗冠」という名字は、日蓮聖人から生まれました。日蓮聖人が山梨県の身延山に向かう途中、富士川の支流である相又川の近くに立ち寄りました。その時がお昼時であり、栗冠さんの先祖は「栗のおにぎり」を差し上げました。日蓮聖人はおにぎりを食べ終えると、手に付いた栗を川で洗い落としました。すると、栗が泳いでいたカジカの頭に付き、あたかも「栗の冠」をしているように見え、とても縁起が良いとして名字を「栗冠」に改めるよう勧められ「栗冠」になりました。

栗冠

MEMO

「栗冠」を「さっか」と読むのは、元々「目」または「属」という名字であったことから、読みを変えず、字のみを変えたと考えられます。

やまなし

山梨

Yamanashi

さすが

「貴家」という名字は、近所の評判から生まれました。「貴家」家では、昔大きな高床式の蔵があったそうです。そして、蔵の中にはたくさんのお米が貯蔵されていました。村人はそれを見て、あのような立派な蔵がある家は「流石」だなと言っていました。そこで、名字が「さすが」になったと伝えられています。「さすが」に「貴家」という字を当てたのは、お米は生きていく上でとても重要な物「貴い物」であり、それがある「家」ということで「貴家」となったようです。

MEMO

「貴家」さんの近所には、「流石」という名字も約100軒存在しています。

長野
Nagano

等々力

めずらし度 ★

とどろき

「等々力」という名字は、地名から生まれました。「等々力（とどろき・とどりき）」という地名は、東京都世田谷区や神奈川県川崎市、山梨県甲州市、長野県安曇野市などにありますが、「等々力」という名字が長野県安曇野市（旧穂高町・豊科村）に集中していることから、安曇野市穂高等々力が「等々力」の名字の由来地と考えられます。「とどろき」という地名は、多くが川の流れが激しい所や滝の近くに見られ、水の激しい音が由来になっているようです。

MEMO

長野県には、「轟」という名字も長野市などを中心に約350軒存在しています。

長野
Nagano

大日方

めずらし度

おびなた

「大日方」という名字は、地名から生まれました。長野県大町市（旧生坂村）や同県南佐久郡佐久穂町には「大日向」という地名がありますが、名字の由来となったのは生坂村大日向です。ここに住んだ清和源氏である小笠原氏の一族が、地名の「大日向」を「大日方」に変えて名字として名乗りました。「大日向」を「大日方」としたのは、「日向」は朝日の出る方向を指すことから、「日の出る彼方」で「日方」にしたことも考えられます。

とび出し

MEMO

長野県には、「帯刀」「尾日向」と書く「おびなた」さんもおります。「小日向」「大日向」という名字はありますが「小日方」という名字は見当たりません。

岐阜
Gifu

纐纈

めずらし度 ★

こうけつ

「纐纈」という名字は、染め物から生まれました。奈良時代に、絞り染めで行われた染め物に「纐纈染」があります。この染め物に関わっていた一族が「纐纈」を名字として名乗りました。「纐纈」姓は、地域によっては「こうきつ」や「きくとじ」とも読まれます。纐纈染が行われていた場所が、岐阜県可児市久々利にあったと言われています。「纐纈」の名字は岐阜県に多く存在し、愛知県一宮市などにも約300軒存在していますが、ルーツは可児市と思われます。

纐纈

MEMO

織物(おりもの)に関(かか)わって生(う)まれた名字(みょうじ)には、「服部（はっとり）」や「錦織（にしこり・にしこおり・にしきおり）」・「倭文（しとり）」などもあります。

岐阜

Gifu

保母

ほぼ

「保母」という名字は、地名から生まれました。愛知県岡崎市にある保母という地名です。「保母」という地名も、かつては「保々」と書いていたようですが、いつの時代かに「保母」になったようです。現在、「保育士」という職業がありますが、以前は「保母」と呼んでいました。しかし、地名の保母は「保育士」の仕事から付いた地名ではなく、「ほぼ」という何らかの意味を持った言葉に「保々」の文字を当て、さらに「保母」に変わったと考えられます。

MEMO

「粗」という地名や名字があり、「粗」には「あらい」という意味があることから荒地についた地名や名字かもしれません。

しずおか
静岡
Shizuoka

月出

ひたち

「月出」という名字は、日没から生まれました。夕方になり、東の空から「月」が「出」る頃になると、西の空は太陽が沈もうとしています。つまり、「月」が「出」ることにより「太陽」が沈む、「陽」を「絶つ」ので、「月出」で「ひたち」と読ませます。「月」が「出」る風景であれば「月出」という名字で良かったと思いますが、あえて「陽」を「絶」つ「ひたち」とし、字だけ「月出」を使うところに名字の面白さがあります。

MEMO

茨城県に「日立」という地名がありますが、こちらは徳川光圀（水戸黄門）が「日の出」を見て付けた地名です。

しずおか
静岡
Shizuoka

一尺八寸

めずらし度 ★★★★

かまつか

「一尺八寸」という名字は、物の長さから生まれました。「一尺八寸」を「かまつか」と読むのはとても難解です。「かまつか」とは、鎌の柄の長さです。一尺八寸とはメートル法が施行される前の長さで、現在のメートル法では約55センチメートルになります。一般的には、これくらいまでの長さの鎌を使います。しかし、これ以上の長さになると武器として使われる恐れがあったため、殿様が柄の長さを一尺八寸までとしたことから、「一尺八寸」という名字が生まれました。

MEMO

「鎌(かま)」の「柄(つか)」の長(なが)さであれば、「鎌柄」という名字(みょうじ)の方(ほう)が分(わ)かりやすいですが、「一尺八寸」としたところに驚(おどろ)きです。

愛知
Aichi

めずらし度 ★★☆☆☆

みかづき

「朏」という名字は、月の満ち欠けから生まれました。「三日月」や「三ヶ月」と同じ意味です。新月になり、月が真っ暗になってから再び月が現れるのは三日後の夜になります。つまり、三日目に月が出るので、「みっかめ」が「みかづき」となります。「みかづき（三日目）」の日に「月」が「出」るということで、「月」と「出」を合わせて「朏」という名字になったものです。字は滋賀県にも存在し、「三日月」・「三ヶ月」という名字は、滋賀県や新潟県に存在しています。

MEMO

「みかづき」以外にも、「月」や「新月」・「満月」という名字も存在しています。

愛知
Aichi

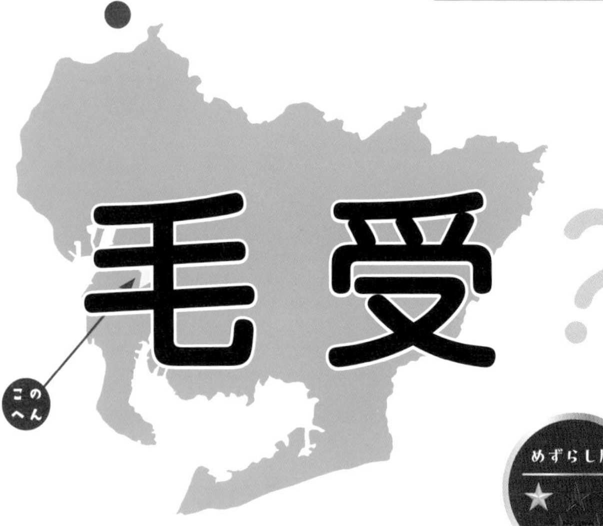

めずらし度 ★

めんじょう（めんじゅ）

「毛受（めんじょう・めんじゅ）」という名字は、愛知県一宮市にある毛受という地名です。一方、殿様から賜った名字との説もあります。殿様とは、安芸国（現広島県）の毛利家です。「毛利」家から「受けた」ということで「毛受」となったようです。

昔は、殿様が戦の恩賞などで家臣に名字を与えることがあり、中には武将の名字を併せて名乗らせることもありました。毛利家から賜ったという名字は多いようです。

毛受

MEMO

羽柴秀吉（豊臣秀吉）の「羽柴」という名字は、織田信長の重臣丹羽長秀の「羽」と、柴田勝家の「柴」を合わせて「羽柴」になったようです。

なるほど！豆知識

日本の名字はなぜ二文字が多いの？

日本には、一文字の名字から五文字の名字まであります。中でも、二文字の名字が圧倒的に多いのですが、これには理由があります。

日本の名字の多くは平安時代から鎌倉時代にかけて生まれましたが、名字を名乗るきっかけとなったのは武士の出現です。武士は、戦にあたり名乗りを上げることが必要で、多くの武士は出身地の地名を名字として名乗りました。日本の地名は、奈良時代（713年）に元明天皇から「地名を吉祥の文字二文字にする」という命がなされました。

したがって、日本各地に二文字の地名が誕生し、やがて、武士はそれらの地名を名字にしたことから二文字の名字が多くなったと考えられます。

04

三重（みえ）
Mie

垂髪

うない

めずらし度 ★★★★☆

「垂髪」という名字は、髪型を表す言葉から生まれました。「垂髪（すいはつ・すべらかし）」とは、平安時代から室町時代の貴族・武家の婦人の髪型で、髪の毛を結わずに垂らしたままのものを言います。長い髪を維持するのは大変とされ、髪を整える仕事をしていた人が「垂髪」を名字として名乗ったと考えられます。

一方で、菩薩像の肩に垂れた髪を「垂髪」と言うことから、宗教に関わった人が名乗ったとも考えられます。

垂髪

MEMO

平安時代、女子も3歳頃まで髪を全て剃り上げていて、「髪置きの儀」から髪を伸ばし始めました。そして、一定の年齢に達したら髪を切り毛先をそろえたようです。

三重
Mie

王来王家

めずらし度 ★★★★★

おくおか

「王来王家」という名字は、字を置き換えて生まれました。

「王来王家」という名字は、元々「奥岡」であったと思われます。「王来王家」さんの住んでいる地域には、「奥岡」という名字の家がたくさんあります。そこで、他の「奥岡」家と区別をするために「お」には「王・おう」を、「く」には「来・く(る)」を、「お」には「王・おう」を、「か」には「家・か」の字を当てて、「王来王家」にしたのではないかと考えられます。

MEMO

名字の中には読み方を変えず、字だけを変えることがあります。たとえば、「鈴木」が「寿々木」に変わりました。「奥岡」に「王」を使ったことには驚きます。

滋賀

Shiga

おしまづき

「几」という名字は、物の名前から生まれました。几とは、肘掛けや物を乗せる台（足つきの机）のことで、お寺で僧侶が念仏を唱える時に脇に置いておく小さな机のことです。「几」という名字は、僧侶が名乗った名字です。僧侶にとって「几」は必須な物であったことから名字にしたのではないかと思われます。「几」は通常「き」・「つくえ」・「ひじかけ」と読みますので、「おしまづき」と読むのは、仏教用語なのかもしれません。

MEMO

宗教に関する名字は多く、特有の言葉を使うため名字の読み方も難しいです。たとえば、「梵」という名字は宗教に関係して生まれた名字です。

滋賀
Shiga

浮気

うき

めずらし度 ★★☆☆☆

「浮気」という名字は、地名から生まれました。滋賀県守山市に存在する「浮気」という地名が由来です。「浮気」を「うき」と読むのは、もともとの「ふけ」という言葉が訛って「うき」になったことが考えられます。「ふけ（ふき）」という地名は日本各地にあり、「小更」や「小吹」・「小浮気」などがあります。

「ふけ（ふき）」とは、蒸けるの意味で、湿地を表す言葉です。守山市の「浮気」という地名も、湿地であったことが考えられます。

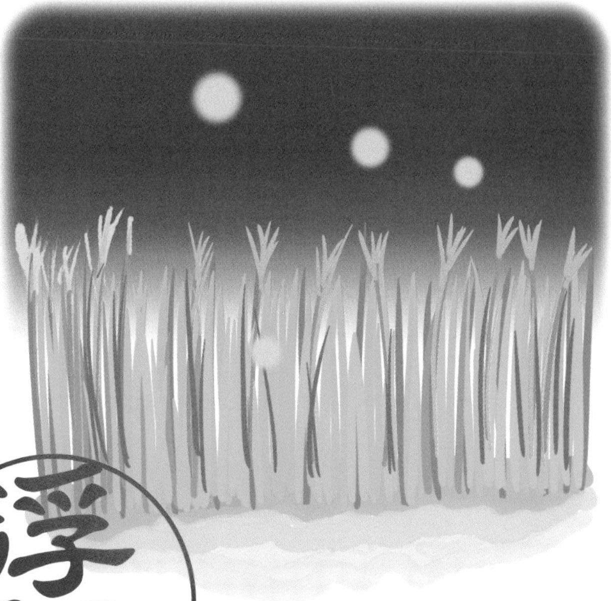

浮気

MEMO

小更（こぶけ・こふけ）という名字は茨城県に、小吹という名字は茨城県や鹿児島県に、小浮気（おぶき・こぶけ）という名字は京都府や滋賀県に存在しています。

京都
Kyoto

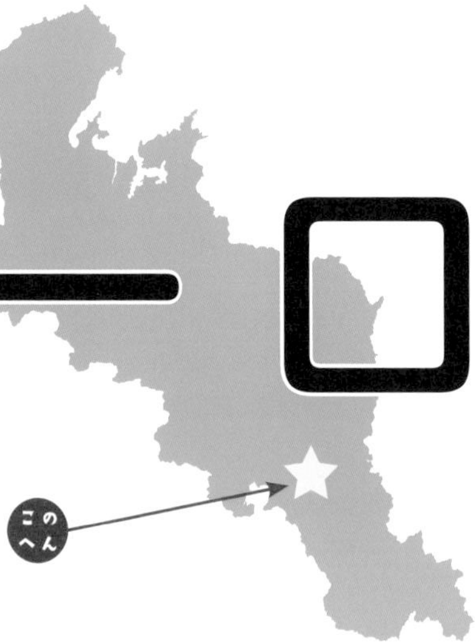

めずらし度 ★★★★★

いもあらい

「一口」という名字は、地名から生まれました。京都府久御山町に「東一口」・「西一口」という地名があり、この地名が由来です。この地はかつて三つの川が合流する所で、出口が一つであったことから水が混み合ってしまう（混み合う状態を「芋を洗う」という）ので「一口」を「いもあらい」と呼んだという説があります。一方、「いもあらい」という言葉は「忌み祓い」が変化したという説もあります。

MEMO

「忌み祓い」とは、「疱瘡（いも・天然痘）を洗い流す（祓う）」ことを指します。

京都
Kyoto

鶏冠井

めずらし度 ★★★★★

かいで

「鶏冠井」という名字は、地名から生まれました。京都府向日市に鶏冠井という地名があり、この地名が由来です。この地は、古くは「蛙手井」と称されていたようですが、「楓」と「井戸」が多かったことから「かいで」と呼ばれるようになり、平安時代末期頃からは「鶏冠井」とされました。

「楓」が「鶏冠」になったのは、赤く色づいた楓の葉が、鶏の鶏冠に似ているからと言われています。

MEMO

「鶏冠」に「井」が付いたのは、「楓」が「井戸」に美しく映ったことからと考えられます。

大阪
Osaka

東京

めずらし度 ★★★★★

とうきょう

「東京」という名字は、遷都から生まれました。日本の首都である東京都は、江戸幕府が滅び、かつて都があった京都から東の武蔵国に移りました。「東に移った京都」という意味合いで東京という言葉が生まれたとされています。

「東京」という名字も、元々は「江戸」でしたが、江戸が東京に変わったことから、名字も同じように「江戸」から「東京」に変えたと言われています。「東京」という名字が、東京都でなく大阪府に存在していることが面白いです。

MEMO

茨城（県）や大阪（府）など、全国47都道府県名のうち愛媛（県）と沖縄（県）を除いて全ての都道府県名の名字が存在しています。

大阪（おおさか）
Osaka

不死川

めずらし度 ★★★★★

しなずがわ

「不死川」という名字は、川の名前から生まれました。大阪府羽曳野市には、東除川という川が流れています。この川は、昔は「志那津川」と呼ばれており、川の近くに住んでいた住職が「しなずがわ」に「不死川」の字を当て名字にしたと言われています。縁起の良くない「死」を「不」で打ち消し、漢文のように返り点で「不死」と読むところが素晴らしいです。長生きできるよう簡単には「人は死なず」という意味が込められているのかもしれません。

MEMO

人気漫画でもこの名字のキャラクターが登場したことにより、一躍有名になりました。

兵庫（ひょうご）
Hyogo

栗花落

めずらし度 ★★★★

つゆり

「栗花落」という名字は、恋から生まれました。奈良時代、丹生山田（現神戸市）に住む山田という郡司が、京の右大臣藤原豊成の娘・白滝姫に恋をしました。しかし、振られてしまいます。当時の天皇は山田を哀れに思い、二人に和歌比べをさせ素晴らしい方の意見を聞くことにし、優れた和歌を作った山田の願いを叶え二人を結婚させました。山田が白滝姫を連れて故郷に戻る時が梅雨入りで、栗の花が落ちる時期であったことから天皇が「栗花落」の名字を与えたと伝えられています。

栗花落

MEMO

一般的に、天皇から功績に対する恩賞として名字を賜ることはありますが、なさけで名字を与えることは極めて珍しいことです。

兵庫
Hyogo

十七夜月

めずらし度 ★★★★★

かのう

「十七夜月」という名字は、「満月」から生まれました。十五夜の月を眺めると、つい月に向かって願いをかけたくなります。「十七夜月」を「かのう」と読むのは、「十五夜」に願いをかけたことが叶うのは二日後の十七日目の夜の月の時だからと言われているので、「十七夜月」を「かのう」と読むようになりました。「十六夜」を「いざよい」と言いますが、「十五夜」に願いをかけ、「十六夜」「十七夜」と、「いざ・かなう」と過ぎて行くと、何か言葉のつながりがありそうな名字です。

十七夜月

MEMO

「かのう」という名字（みょうじ）は、「叶」・「加納」・「嘉納」・「叶野」・「狩野」などがあります。

奈良
Nara

めずらし度
★★★★★

みたま

「霊」という名字は、お寺から生まれました。一般的に、僧侶が名乗る名字には、寺の名前や教えの中に出てくる言葉などが使われます。しかし、「霊」家は寺の僧侶をしているものの、寺の名前に「霊」は使われておりません。霊は、昔から怖いものというイメージがあります。一方で、霊を安らかと考え先祖への心のよりどころと思っている人もいます。僧侶が安らかな霊の供養をするうえで「霊」という名字を名乗ったことも考えられます。

MEMO

お寺に関係する名字では、「仏」や「仏前」・「念仏」・「合掌」・「浄土」などがあります。

和歌山
Wakayama

勢見月

せみづき

「勢見月」という名字は、鯨から生まれました。和歌山県といえば、かつては捕鯨が有名な所でした。現在は資源保護のため捕獲禁止になっていますが、和歌山県東牟婁郡太地町は、クジラを追いかけモリで突く古式捕鯨の発祥地です。そこで捕獲されたクジラが「セミクジラ（背美鯨・勢美鯨）」です。江戸時代、クジラの皮下の油を取るために盛んに捕鯨が行われていました。「セミ」クジラを、モリで「突く」様子から「勢見月」という名字が生まれました。

MEMO

「背美突」や「勢美突」としないで、「背美・勢美」を「勢見」に、「突き」を「月」にしたところに奥ゆかしさを感じます。

和歌山
Wakayama

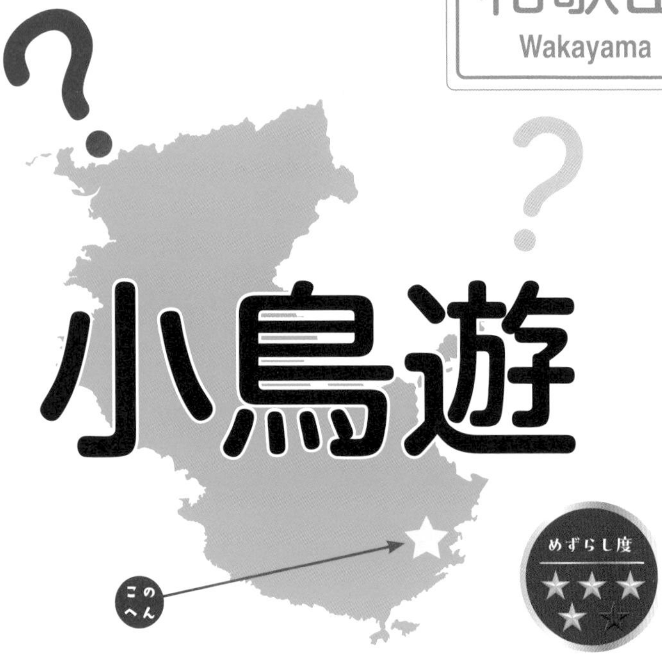

小鳥遊

たかなし

「小鳥遊」という名字は、字を変えて生まれた名字です。「小鳥遊」家の言い伝えでは、明治時代役所に名字を届ける際に、元々の「高梨」を届けるのが本来でしたが、「高梨」のままではつまらないと考えて「小鳥遊」を届けました。「小鳥遊」としたのは、まず「高梨」を「鷹無」と解釈し、次に、鷹が居な（無し）ければ、小鳥は安心して遊ぶ（飛ぶ）ことができる様子から「小鳥遊」となったようです。

小鳥遊

MEMO

明治時代、名字を役所に届けることになりましたが、このように自由な発想が認められていた時代がうらやましいです。

なるほど！豆知識

日本の名字はなぜ難読なの？

名字（famiiy name）は世界各国にありますが、本来の文字の読み方通りに読まないのは日本だけかもしれません。漢字を使用する中国や韓国にも名字はありますが、「金」という名字は「きん」や「きむ」と読み、「朴」は「ぼく」や「ぱく」と読みます。また、英語圏でも「White」を「ホワイト」、「Brown」を「ブラウン」と発音し、スペルどおりの読み方です。

しかし、日本の名字は「台」を「うてな」と読んだり「土師」を「はじ」と読んだり、古代の言葉がそのまま読まれているものがあります。言葉が進化したにもかかわらず、読み方は当時のままなので難読になります。また、「小鳥遊」を「たかなし」と読んだり「四月一日」を「わたぬき」と読んだり、本来の文字の読み方ではなく、意味合いから名付ける場合があります。

05
中国・四国

とっとり
鳥取
Tottori

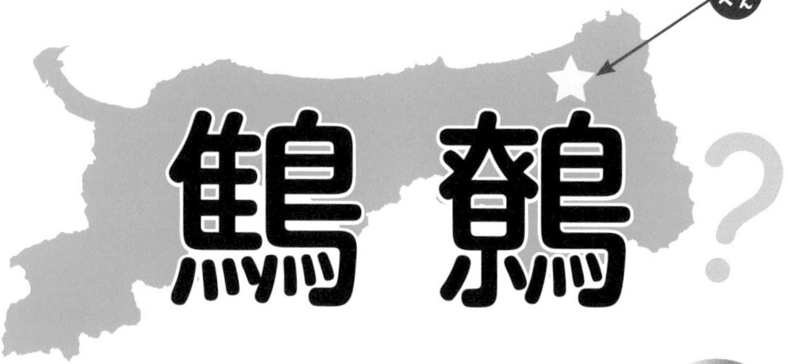

鷦鷯

めずらし度 ★★★★

ささき

「鷦鷯」という名字は、仁徳天皇に由来します。仁徳天皇は、「大鷦鷯尊」とも呼ばれていました。仁徳天皇の別名「大鷦鷯」が「鷦鷯」の名字となり、天皇の一族が名字として名乗ったと考えられます。

鷦鷯とは、「みそさざい」という体長10センチメートルくらいの鳥です。今日では「鷦鷯」と呼んでいますが、古くは「ささき」と呼んでいましたので、名字は「ささき」となりました。

鷦鷯

MEMO

「ささき」と読む名字は、「佐々木」・「篠笥」・「笹木」・「沙々木」・「佐々貴」など様々な字を当てていますが、元は同じ一族と考えられます。

鳥取（とっとり）
Tottori

墓前

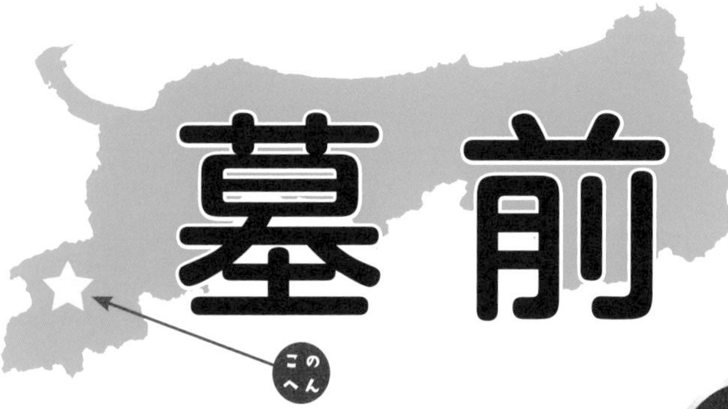

めずらし度 ★★★★★

はかまえ

「墓前」という名字は、位置から生まれました。「墓前」という地名が存在すれば地名が由来と考えられますが、地名は確認できませんでした。しかし、全国各地には「墓の前」の場所は存在します。「墓前」という名字が生まれた背景には、墓の前に何かがあったことが考えられますが、それは、家ではないかと思われます。全国には屋敷内に墓地のある所もあります。「墓前」家の先祖は先祖たちのことを忘れないようにと、「墓前」という名字を名乗ったのかもしれません。

墓前

MEMO

「墓（はか）」の字（じ）を使（つか）った名字（みょうじ）は、他（ほか）に「墓下（はかのした）」や「京墓（きょうつか）」・「軽墓（かるはか）」・「永墓（ながつか）」・「墓谷内（はかやち）」などがあります。

島根
Shimane

朔晦

めずらし度 ★★★★

たちもり

「朔晦」という名字は、暦から生まれました。一月の初日を「朔日（ついたち）」と言い、月末を「晦日（つごもり）・（みそか）」と言います。この、「ついたち」の「たち」と、「つごもり」の「もり」を合わせて「朔晦」という名字が生まれました。最近「晦日」という言葉は12月の大晦日で使いますが、その他の月は「月末」と言いますので、「つごもり」と読むのは難しく感じます。ちなみに、「一日」と「月末」を合わせて「日月」と書く「たちもり」という名字も存在しています。

朔晦

MEMO

日付に関する名字は、他に「四日」や「九日」・「月末」、「晦日」という名字などが存在しています。

島根（しまね）
Shimane

王身代

めずらし度 ★★★★★

おうしんだい

「王身代（おうしんだい）」という名字（みょうじ）は、身代（みが）わりから生（う）まれました。南北朝時代（なんぼくちょうじだい）の天皇（てんのう）である後醍醐天皇（ごだいごてんのう）は、島根県（しまねけん）にある隠岐（おき）の島（しま）に流（なが）されました。天皇（てんのう）は鎌倉幕府（かまくらばくふ）を倒（たお）し再（ふたた）び天下（てんか）を取（と）るため、島（しま）からの脱出（だっしゅつ）を計画（けいかく）します。その際（さい）に、後醍醐天皇（ごだいごてんのう）の身代（みが）わりとなって島（しま）に残（のこ）ったのが、糟屋長政（かすやながまさ）という武将（ぶしょう）でした。無事（ぶじ）に島（しま）を脱出（だっしゅつ）した後醍醐天皇（ごだいごてんのう）は、糟屋長政（かすやながまさ）に「王身代（おうしんだい）」という名字（みょうじ）を与（あた）えたと伝（つた）えられています。まさに「王（おう）」の「身（み）」「代（が）（わり）」を表（ひょう）した名字（みょうじ）です。

MEMO

京都に戻った後醍醐天皇は足利尊氏らとともに鎌倉幕府を倒しました。

おかやま
岡山
Okayama

白髪

めずらし度 ★

しらが

「白髪」という名字は、神社が関係して生まれました。全国には、白髪神社や白鬚神社が存在しています。これらの神社は、長命を願って祀られた神社です。人間は、長生きをすると白髪や白鬚が生えてきます。つまり、白髪や白鬚は長命の証となります。白髪や白鬚の縁起を担いだのが白髪神社や白鬚神社です。これらの神社に関わった人や神社の近くに住んだ人が名乗ったと考えられます。ちなみに、「黒髪」という名字も、佐賀県や茨城県などに存在しています。

MEMO

「長命」という名字は、鹿児島県など全国に約50軒存在しています。

岡山
Okayama

めずらし度 ★★★★☆

なまず

「鯰」という名字は、地名から生まれました。「鯰」という地名が、岡山県美作市と熊本県上益城郡嘉島町に存在しています。「鯰」という名字の多くが岡山県に存在することから美作市の「鯰」という地名が由来と考えられます。「鯰」という地名の由来は、①美作市は「鯰がよく獲れた」から、②嘉島町は肥後国志に「阿蘇湖に大鯰がいた」からとされています。昔は、「鯰」は貴重な淡水魚として捕獲され、食卓に上っていたと思われます。

鯰

MEMO

鹿児島県には、「鰻」という名字がありますが、
同じように「鰻」という地名が由来です。

広島
Hiroshima

民法

めずらし度 ★★★★☆

たみのり

「民法」という名字は、民衆への定めから生まれました。日本では、古くは推古天皇の時代に発した十七条憲法が、明治時代以降では近代憲法などの法律が定められています。これらの憲法は、国家としての定めですが、武家社会においては各地に藩が置かれ、それぞれの藩で藩内の民衆に対して定めを出していた所があります。「民法」氏の地域にも、藩の定めがあり、この定めに関わった人が「民法」の名字を名乗ったと考えられます。

MEMO

今日の法律では「民法」があり、人々の日常生活や身分などに関わることが定められています。

ひろしま
広島
Hiroshima

大心池

めずらし度
★★★★★

おごろち

「大心池」という名字は、地形から生まれました。

茨城県常陸太田市には、徳川光圀（水戸黄門）の隠居所（西山荘）があり、そこには「心字池」という池があります。光圀が作らせたこの池ですが、正面からでは普通の池に見えますが、裏側（反対側）から見ると池の形が「心」という字に見えます。つまり、「人の心は裏から見ろ」との教えから作らせた池です。「大心池」という名字は、「心」の形の「池」に関係があって生まれた名字かもしれません。

大心池

MEMO

水戸黄門は、領内の地名を考えたり、名字を与えたりしていますので、想像力が豊かな人物であったことが伺えます。

やまぐち
山口
Yamaguchi

即席

めずらし度 ★★★★★

そくせき

「即席」という名字は、和歌から生まれました。「即席」家の先祖は、毛利家のお抱えの即興歌人をしていたと伝えられています。ある時、殿様から「直ぐに和歌を作れ」との命令があり、即座に和歌を作りあげました。その出来映えと早さに感動した殿様が、「即席」という名字を名乗るよう命じたと伝えられています。「即」は直ぐにという意味ですが、「席」はどのような場所なのか気になります。おそらく、和歌を作り上げた場所ではないかと考えられます。

即席

MEMO

「インスタントラーメン」を「即席めん」と呼びますが、こちらも直ぐにできることから付けられた名前です。「即席」という言葉は昔からありました。

やまぐち
山口
Yamaguchi

勘解由小路

めずらし度 ★★★★★

かでのこうじ

「勘解由小路」という名字は、京都にあった通りの名前から生まれました。京都には、様々な通りがあり、公家達は、それぞれの住んでいた通りの名前を名字として名乗りました。「烏丸」や「三条」、「姉小路」、「綾小路」、「武者小路」などがあります。

「勘解由小路」家も、もともとは京都の「勘解由小路」という通りに住んでいて、通りの名前を名字として名乗りました。

MEMO

漢字五文字の名字は、「勘解由小路」家と埼玉県に存在する「左衛門三郎」家の二つしかありません。

乃一

めずらし度 ★☆☆☆☆

のいち

「乃一」という名字は、字が変わって生まれました。「乃一」という地名は存在しませんが、「野市」という地名が高知県にあります。また、「野市」という名字も、高知県や広島県、石川県に存在しています。

「乃一」家は、平家の落人であったとの言い伝えも残されています。昔は、落ち武者は身を守るために名字を変えることがありました。多くは、読みを変えず字のみを変えました。「乃一」氏も「野市」から変えたことが考えられます。

MEMO

茨城県には「吉成」という名字がありますが、元々は「結城」でした。戦いに敗れ身を隠すため「結城」から偏を取り「吉成」としました。

徳島
Tokushima

麻植

めずらし度 ★☆☆☆☆

おえ

「麻植」という名字は、地名から生まれました。徳島県吉野川市は旧麻植郡の4町村が合併して誕生した市です。この地域は、昔から麻の産地であったことから麻植の地名が生まれました。古くは「麻殖」と書いていました。「おえ」と読むのは難しいですが、「おえ」とは、麻などで作った糸を「お」と呼び、「麻(お)」を「植える(える)」ことから「おえ」になったと言われています。天皇の大嘗祭には、今でも徳島県で栽培された麻の織物が供えられるそうです。

麻植

MEMO

古代の税で調があり、調は、麻や綿で納めました。東京都に調布市がありますが、税として布を納めた所が調布で、麻布はこの布を栽培した所かもしれません。

香川
Kagawa

水ト

めずらし度 ★★★★★

みうら

「水ト」という名字は、占いから生まれました。昔、吉凶を占う陰陽師という職業がありました。平安時代に活躍した安倍晴明が有名です。水ト氏は、占いでも、天気を占っていた一族と思われます。

讃岐地方（現香川県）は昔から雨が少ない所で、灌漑用のため池がたくさんありました。農作業において水はとても重要なもので、雨が降らない時は雨乞いをしました。そこで、雨の予想をしたのが「水ト」氏です。

MEMO

江戸時代に讃岐地方に灌漑用水ができたため、雨占いの仕事は必要がなくなりました。「卜」は話をすることがなくなり「占」から「口」を取ったのかもしれません。

香川
Kagawa

天竺

めずらし度 ★★

てんじく

「天竺」という名字は、仏教から生まれました。「天竺」とは、日本や中国がインド国を指す古い言葉です。インド国と言えば、日本においては古くから仏教との関わりが強い国です。「天竺」という言葉は、仏教とともに日本国内に広がりました。そのようなことから、「天竺」という名字の由来は、仏教に関わった人が名乗った名字と考えられます。「天竺」とは、釈迦が生まれた国ではありますが、空想的な世界で遠い所にある国とされていました。

天竺

MEMO

「西遊記」という物語では、三蔵法師が仲間と一緒に中国から旅立って、天竺に向かいます。

愛媛

Ehime

忽那

めずらし度 ★☆☆☆☆

くつな

「忽那」という名字は、忽那島という島の名前から生まれました。忽那氏は中世の武家で、瀬戸内海西部の忽那諸島を統治した一族です。平安時代末期に藤原氏の末裔が忽那島に移り住み、鎌倉時代には地頭として瀬戸内海西部の忽那諸島（七島）に強力な海上勢力を築きました。瀬戸内海の水軍の力は大きなもので、鎌倉時代から戦国時代末期まで活躍しましたが、豊臣秀吉の四国平定で伊予（現愛媛県）の豪族河野氏とともに滅亡しました。

忽那

MEMO

武士が活躍した時代、瀬戸内海を支配した村上水軍などの力は大きなものでした。

愛媛
Ehime

祖母井

めずらし度 ★☆☆☆☆

うばがい

「祖母井」という名字は、地名から生まれました。栃木県芳賀郡芳賀町にある「祖母井」という地名が由来です。栃木県にある地名の名字が、なぜ遠く離れた愛媛県にあるのでしょうか。実は、愛媛県には「宇都宮」という名字が約1600軒あり、全国の「宇都宮」姓の約4割を占めています。鎌倉時代に、宇都宮氏の一族が伊予国（現愛媛県）の守護職として下野国（現栃木県）から移り住みました。この宇都宮氏の移住とともに移り住んだのが「祖母井」氏と思われます。

MEMO

茨城県には「姥貝」という名字がありますが、こちらの由来も栃木県から移り住み、「祖母井」に「姥」・「貝」の字を当てたのかもしれません。

高知

Kochi

和食

めずらし度 ★★☆☆☆

わじき

「和食」という名字は、地名から生まれました。「和食」という地名が、高知県安芸郡芸西村と、徳島県那賀郡那賀町に存在していますが、「和食」という名字が高知県に多いことから芸西村が由来ではないかと考えられます。

日本独特の料理を「和食」と言いますが、直接食事に関係があって名字になったものではありません。「和食」という地名も、「わじき」という言葉に「和」と「食」の字を当てたと考えられます。

和食

MEMO

「食堂」という名字がありますが、こちらは食事をするお店ではなく、お寺の僧侶が食事をする場所から生まれた名字です。

高知
Kochi

別役

めずらし度 ★☆☆☆☆

べっちゃく

「別役」という名字は、地名から生まれました。高知県香南市香我美町別役、同県香美市物部町別役いずれかの地名が由来です。元々は「べつやく」と呼んでいたものが、いつしか「べっちゃく」と呼ばれるようになったと考えられます。

「別役」とは、荘園の役人が本来の納税方法とは別に納税（別納）することを管理する役人に付けられた呼び名で、その役人の所在地が「別役」という地名になったと考えられます。

別役

MEMO

「別」を使う役職には、他に「別当」があります。律令制の時代に本来の官職を持つ者が、本官とは別に他の職務を統括する役職に就いた時に補されました。

なるほど！豆知識

同じ名字なのに、どうして様々な文字があるの？

名字の中には、同じ名字なのに様々な文字があります。たとえば「渡辺」という名字の「辺」については「邊」や「邉」など50種類くらいの文字があります。本来、「邊」「邉」は旧字体として正しい文字ですが、それ以外の「邊」「邊」「𨗈」「邉」「邉」のような文字は誤字で正しい文字ではありません。

なぜ、そのような文字が戸籍に載ったのかというと、戸籍を作成する際に役所の人が間違えて書いてしまったり、戸籍用紙の和紙に筆で書く際に、墨がにじんでしまったり省略して書いたことから様々な誤字が生まれたと考えられます。特に画数の多い文字に多く、「斎藤」の「斎」や、「藤田」の「藤」には多くの種類が存在します。

06

九州・沖縄

福岡
Fukuoka

京都

めずらし度 ★★★

みやこ

「京都」という名字は、地名から生まれました。「京都」と言っても現在の「京都府」ではなく、豊前国京都郡（現福岡県京都郡）の地名です。豊前国が「京都」と呼ばれるようになったのは、第十二代景行天皇が豊前国に赴いた時に、その地にしばらく滞在し仮の宮を置きました。そのことから「京」と呼ばれるようになり、やがて「京都」と呼ばれるようになったと言われています。大分県にある「都」という名字も、京都郡が由来と考えられます。

MEMO

全国には、小京都と呼ばれる京都の文化を伝える場所がたくさんありますが、地名を「京都」としているのは福岡県のみです。

ちなみに「京都」と書いて「きょうと」と読む名字の人は居ません。

ふくおか
福岡
Fukuoka

独活山

めずらし度 ★★★★☆

うどやま

「独活山」という名字は、「独活」から生まれました。「独活」とは、山地に自生するウコギ科の多年生の植物で、早春の芽吹きのころは食用にもなります。

現在では、販売用に畑などでも栽培されていますが、本来は山に生えるものです。地域によっては「どっか」とも呼んでいますが、「独」「活」でそのまま「どっか」と呼ぶようになったのかもしれません。この、「独活」の生えた山の近くに住んでいたことから、「独活山」を名字として名乗ったと考えられます。

独活山

MEMO

春の食用になる山野草では、「芹」や「蕗」・「蕨」・「土筆」などが名字として存在しています。

佐賀
Saga

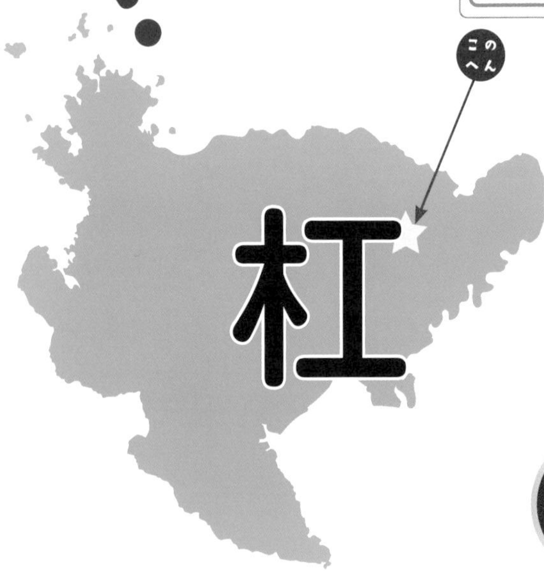

杠

めずらし度 ★☆☆☆☆

ゆずりは

「杠」という名字は、地名又は神社から生まれました。佐賀県三瀬村杠の地名、又は諭鶴羽神社の名前が由来です。地名にもなっている「杠葉・譲葉」という木は、次の芽（葉）が出るまで葉を落としません。つまり、人間にたとえれば、次の世代が生まれてからこの世を去ることになり、その家が絶えること無く代々に末永く続くことを意味しています。

そのようなことから、「ゆずりは」はとても縁起の良い木とされ、名字にもなっています。

杠

MEMO

佐賀県杠地区には、兵庫県にある諭鶴羽神社の分社があったとされています。「ゆずりは」という名字には、「楪」や「杠葉」・「譲葉」と書くものもあります。

佐賀（さが）
Saga

一番合戦

めずらし度 ★★★★☆

いちまかせ

「一番合戦」という名字は、合戦から生まれました。「一番合戦」家の先祖が戦に行き、一番前（一番隊）で戦い、合戦に勝利しました。一番隊は戦死することが多かったのですが、「一番合戦」家の先祖は無事に生還することができました。

そこで、殿様から褒美として「一番合戦」を名字として賜ったと伝えられています。「いちまかせ」と読むのは、合戦で「一」番先に行き相手を「負かせ」という思いが込められているようです。

MEMO

「一番合戦」を「いちまかせ」と正しく読んでもらえなかったため、「いちばんがっせん」と読み方を変えた家があります。

長崎（ながさき）
Nagasaki

七種

めずらし度 ★☆☆☆☆

さいぐさ

「七種（さいぐさ）」という名字（みょうじ）は、春（はる）の七（なな）草（くさ）から生（う）まれました。1月（がつ）7日（か）は、「七草粥（ななくさがゆ）」の日（ひ）です。「七草粥（ななくさがゆ）」は、その年（とし）の無病息災（むびょうそくさい）を願（ねが）って食（た）べる食事（しょくじ）です。「せり」・「なずな」・「ごぎょう」・「はこべら」・「ほとけのざ」・「すずな」・「すずしろ」の七種類（ななしゅるい）の草花（くさばな）を粥（かゆ）と一緒（いっしょ）に煮込（にこ）んで食（た）べます。つまり、この七種（ななしゅ）の草（くさ）で健康（けんこう）で幸（しあわ）せな一年（いちねん）が送（おく）れるように願（ねが）いが込（こ）められています。七種（ななしゅ）の草（くさ）は、「幸（さいわ）い」の「草（くさ）」で「さいぐさ」となったのではないでしょうか。

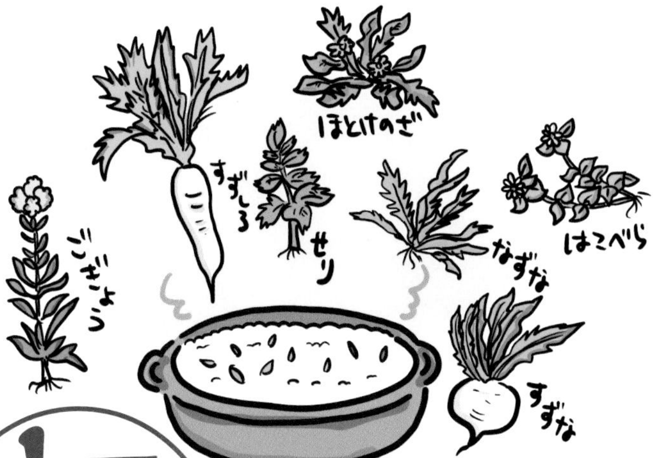

七種

MEMO

「三枝」という名字は、三つに分かれた草の茎が吉兆とされ「幸草」と呼ばれたことが由来とされています。

宇宙

めずらし度 ★★★★★

うちゅう

「宇宙」という名字は、宗教から生まれました。「宇宙」家は、もともと寺の僧侶をしていましたが、明治時代になり名字を届け出る際に、「宇宙」という名字を届けました。「宇宙」という名字にしたのは、仏教の教えの中に「宇宙観」というものがあり、この言葉を名字として名乗ったと伝えられています。

「宇宙」とはこの世で一番大きな物ですが、名字は全国1軒と極めて小さい（少ない）のが対称的です。

宇宙

MEMO

「世界（せかい）」という名字（みょうじ）がありますが、こちらも「世界観（せかいかん）」という言葉（ことば）があり、宗教（しゅうきょう）に関係（かんけい）がありそうです。

くまもと
熊本
Kumamoto

菓

めずらし度 ★★★

このみ

「菓」という名字は、木の実から生まれました。「菓」の名字は「くるみ」と読むことがありますが、「胡桃」の実が菓子として食べられているからと考えられます。また、「胡桃」は古代から食された木の実の一つです。「木の実」を「このみ」と読むことができることから、「菓」で「このみ」になったと考えられます。

現在では、和菓子や、ケーキなどの洋菓子が好みの人も多いと思いますので、「菓」で「このみ」と読むことができるのではないでしょうか。

MEMO

お菓子の名字では、「飴」や「餅」・「大福（だいふく・おおふく）」などが存在しています。

熊本
Kumamoto

めずらし度 ★★★★

さざなみ

「淪」という名字は、風景から生まれました。「淪」という字は、「りん」や「ろん」・「しず（む）」・「ほろ（ぶ）」などと読み、「さざなみ」とは読みません。しかし、意味は「さざなみ」や「小さな波」を示します。

「淪」という名字が存在する地域は、熊本県の球磨川が八代海に流れ込む所で、小さな波が見えます。その素晴らしい風景から、本来の読み方ではない「淪」という名字が生まれたのではないかと考えられます。

淪

MEMO

「さざなみ」という名字には、他に「漣」や「小波」・「薄波」・「佐々波」などが存在しています。

大分（おおいた） Oita

卍山下

めずらし度 ★★★★★

まんざんか

「卍山下」という名字は、お寺から生まれました。「卍」はお寺を表す記号でもあります。大分県臼杵市にある曹洞宗のお寺の住職が名乗った名字と言われています。

「卍山下」になったのは、「卍山」という立派な僧侶がいて、その僧侶の門下であったことから「卍山」に「下」を付けました。お寺に関係する名字はとても多く、寺の名前をそのまま（薬師寺など）、あるいは寺の名前の一部（薬師など）を名字にしました。僧侶の名前をそのまま名字にするのは珍しいです。

MEMO

「卍」は、インドの宗教で吉祥や美徳を象徴するものとして用いられる印です。太陽が光を放つ状況を形取ったものとも言われています。

巳年後

めずらし度 ★★★★★

みねんご

「巳年後」という名字は、干支から生まれました。干支には十二支があり、子(鼠)・丑(牛)・寅(虎)・卯(兎)・辰(竜)・巳(蛇)・午(馬)・未(羊)・申(猿)・酉(鳥)・戌(犬)・亥(猪)の順に回ってきます。

つまり、「巳」年の次（後）が「午（馬）」年になります。名字が「馬」、または「馬」が付く名字であったことから、名字を変えたいと思い「午年」は「巳年」の「後」ということで「巳年後」にしたことが考えられます。

MEMO

十二支の字を使う名字は「牛山」や「蛇口」・「馬目」・「猿田」・「猪瀬」などたくさんありますが、羊を使う名字はありません。

宮崎（みやざき）

Miyazaki

五六

めずらし度 ★★★★☆

ふのぼり

「五六（ふのぼり）」という名字は、将棋から生まれました。将棋盤には、縦横に9×9のマス目があります。将棋ではこのマス目をそれぞれの駒が進んで行きます。マス目が五六（ごーろく）の所に歩が進む（昇る）と、その勝負は優位に進められるとも言われています。

つまり、五六のマス目に歩が昇るので「ふのぼり」となるようです。

「王」や「玉」・「角」・「金」・「銀」・「桂馬」など、駒の名前の名字がありますが、将棋盤面を表す名字には驚きます。

五六

MEMO

20歳で、将棋の七冠（竜王・王位・叡王・棋王・王将・棋聖・名人）を達成した棋士の「歩」の使い方が気になります。

宮崎

Miyazaki

黒葛原

めずらし度 ★★★

つづらはら

「黒葛原」という名字は、黙字から生まれました。「黒葛原」という名字の由来は、鹿児島県日置市（旧伊集院町）にあった黒葛原という地名です。「黒葛原」は、本来「くろつづらはら」となるべきですが、「くろ」は発音しません。「黒」は黙字になっていて発音しないようです。九州には、「黒木」という名字や、黒川温泉、黒霧島という焼酎など、黒の付く物がたくさんあります。もしかすると「黒」は縁起の良い字なのかも知れません。

黒葛原

MEMO

名字の中には、「黒葛原」と同じように最初の字を発音しない「和泉」や「伊達」もあります。

鹿児島

Kagoshima

前

めずらし度 ★☆☆☆☆

すすめ

「前」という名字は、政策から生まれました。薩摩藩の政策により奄美地方の名字を一文字にした歴史があります。「前」という名字は、本来「まえ」「ぜん」と読みますが、名字が一文字になってしまったので、せめて読み方だけでも三文字にしたいとの強い思いがあり「すすめ」と読ませたのかもしれません。

奄美地方の名字は、他にも「元」や「城」・「中」・「井」・「佐」・「太」・「和」など、三文字の読み方になっています。

前

MEMO

一文字の名字は、奄美地方と石川県の能登半島に多く存在しています。

かごしま
鹿児島
Kagoshima

切手

めずらし度 ★

きって

「切手」という名字は、カッパの伝説から生まれました。伝説では、昔、先祖がカッパに腕をつかまれ水の中に引き込まれそうになりました。そこで、持っていた鎌でカッパの腕を切り落としたので、「切る手」で「切手」になったと伝えられています。

カッパの伝説は日本各地にありますが、名字になった話は「切手」さん以外に聞いたことがありません。岐阜県にも「切手」さんがいますが、こちらは岐阜県高山市にある「切手」という地名が由来です。

MEMO

手紙に貼る郵便切手がありますが、こちらの「切手」は、「切符手形」を略して生まれた言葉です。

沖縄
Okinawa

東江

めずらし度 ★

あがりえ

「東江」という名字は、地名から生まれました。沖縄県名護市の東江という地名が由来です。「東」は、沖縄県以外では「ひがし」または「あずま」、「とう」と読むのが一般的で「あがり」とは読みません。

では、なぜ沖縄県では「東」が「あがり」と読むのでしょうか。沖縄県では、東の海から太陽が昇る（上がる）ので「あがり」、西の海に沈む（入る）ので西を「いり」と呼びます。東の海（江）から太陽が昇るので「東江」となるのです。

東江

MEMO

沖縄には「西表」という地名があります。東が表で、西が裏になりそうですが、裏を避け「西表」とするところが素晴らしいです。

沖縄（八重山諸島）
Okinawa

南風本

めずらし度 ★★★★★

はえもと

「南風本」という名字は、地名から生まれました。「南風本」という地名は存在しませんが、沖縄県八重山郡竹富島に南風見という地名があります。南風本さんの先祖は、元々は南風見に住んでいて、新しい土地に移ったことから、「南風本」にしたと考えられます。

「南風」とは、梅雨から夏の時期に吹く南風のことで、西日本で使われる言葉です。南風と読む地名は沖縄県うるま市にある勝連南風原や長崎県佐世保市にある南風崎などがあります。

MEMO

日本では、風向きによって様々な呼び方をします。
東風は「こち」、西風は「ならい」、南風は「はえ」、
北風は「きたかぜ」などの呼び方があります。

なるほど！豆知識

名字は、変えられるの？

名字は、原則変えることはできません。しかし、名字の読み方が難しく正しく読んでもらえなかったり、笑われてしまうなど日常生活に著しく困難が生じている場合には変更することが可能です。ただし、自己判断ではなく家庭裁判所が認めて変更の許可が得られた場合に限り変更することができます。

例えば、「佐藤」さんや「鈴木」さんなどは人口は多く、同じ名字の人がたくさんいると目立たないので、「目立ちたいから珍しい名字を名乗りたい」と思っても変更することは認められないと考えられます。明治時代初めに戸籍が作られましたが、その時に存在していた名字の中には、その後改姓により現在は存在しない名字があります。

高信幸男（たかのぶゆきお）

1956年生まれ。茨城県大子町出身。名字研究家・司法書士。
日本家系図学会会員、茨城民族学会会員、日本作家クラブ会員。元法務省官僚。
名字にまつわる文化や魅力を伝えるために、講演会やテレビ番組、ラジオ番組の監修や出演をしている。主な出演番組に「沸騰ワード10」（日本テレビ）、「いば６」「いばっチャオ」（NHK水戸）、著書に『トク盛り「名字」丼　日本全国歩いた！調べた！』（柏書房）、『激レア名字クイズ100　きっと誰かに話したくなる！』（JTBパブリッシング）等。

ご当地珍名見つけ隊
－高信先生の全国行脚－

2023年６月14日　第１刷発行

著　者　　高信幸男
発行人　　市倉泰
発行所　　株式会社　恒春閣
〒114－0001　東京都北区東十条６－６－18
tel. 03－6903－8563　fax. 03－6903－8613
https://www.koshunkaku.co.jp/

イラスト　　デザインこころ
印刷・製本　株式会社平河工業社

Koshunkaku Co., Ltd.
Printed in Japan

定価はカバーに表示してあります。

ISBN978-4-910899-06-0　C8039

KOSHUNKAKU

索引（さくいん）